EL CÓDIGO SECRETO DEL FACEBOOK LIVE

Descubre Cómo Enamorar A Tu Audiencia Y Convertirlos En Clientes De Alto Valor

Rixio Jesús Abreu Rodríguez

Mentor & Coach.

Experto en crear, desarrollar y hacer crecer negocios por Internet con satisfacción garantizada.

¡¡IMPORTANTE!!

Tabla de Contenidos

Agradecimientos

Quiero agradecer y dar las GRACIAS a todas aquellas personas que, de una manera u otra, han formado, forman y formarán parte de mi VIDA.

¡Infinitas GRACIAS Hoy y Siempre!

Antes De Iniciar

Me gustaría aclarar que Facebook y Facebook Live son marcas registradas oficiales de Facebook y que su aspecto puede variar en función de las constantes actualizaciones.

Para mantenerte constantemente actualizado/a te invito a visitar y dale "me gusta" a mi página de fans acerca del Facebook Live y temas relacionados:

https://www.facebook.com/TransformadorDeVida

Introducción

Estimado/a lector/a, mi nombre es Rixio Abreu Rodríguez de www.rixioabreu.com y es un placer para mí poder compartir contigo este libro, *"El Código Secreto del Facebook Live"*.

Antes de nada, quiero darte las gracias y felicitarte porque tienes ante ti un libro producto de muchas horas de búsqueda, investigación, experiencia, fracasos, desencuentros, felicidad y éxitos...

Este libro tiene como propósito que descubras el código secreto de Facebook Live y cómo enamorar a tu audiencia para convertirlos en clientes de alto valor.

Da igual al negocio que te dediques: negocios tradicionales, negocios multinivel, negocios online, negocios de afiliados, etc. porque con los Facebook Live podrás mejorar los resultados que hoy estás logrando con tu estrategia de marketing por Internet.

Tal vez en este momento estés diciéndote a ti mismo/a: *"Esto no es verdad, seguro que es otro rollo más..."* Sin embargo, al recorrer las páginas de este libro descubrirás que las claves que te voy a desvelar funcionan y podrás aplicarlas HOY mismo porque ese es mi objetivo principal, que comiences hoy con los Facebook Live aplicando el código que te voy a desvelar. Y como siempre dice un amigo mío:

"Sin acción no existen los resultados..."

No quiero que te conviertas en un erudito del Facebook Live, lo que realmente deseo para ti es que empieces a implementar las mejoras que sean necesarias en tus Facebook Live, sin excusas ni pretextos y desde ya mismo hagas los cambios necesarios en tu estrategia de marketing por Internet para lograr tu éxito y empezar a generar más ventas, más ingresos, mejor posicionamiento de tu marca personal o de tu empresa en tu nicho de mercado.

No me gustaría que este fuese un libro más en tu dispositivo Kindle, estantería o biblioteca. Mi objetivo es ayudarte a que empieces hoy mismo a difundir tu mensaje con Facebook Live siguiendo las indicaciones que aparecen en este libro.

Seguramente habrás escuchado que hay diferentes tipos de personas, yo las clasifico en cuatro grupos:

Las que no se ponen metas y no toman decisiones. La vida es algo que les "sucede" a ellos.

Las que tienen sueños y metas pero no intentan alcanzarlos porque no creen que los puedan lograr.

Las que tienen sueños y metas y hacen intentos por lograrlos, pero cuando las cosas se ponen difíciles abandonan y renuncian a sus sueños y metas.

Las que tienen sueños y metas e intentan hacer reiteradamente lo que sea necesario para lograrlo y a pesar que las cosas no resultan como esperaban o atraviesan situaciones difíciles, jamás se rinden y hacen lo necesario por lograr sus sueños y metas...

Y ahora viene la pregunta importante...

¿A qué grupo de personas perteneces TÚ?

Si quieres lograr el éxito con esta estrategia de Facebook Live debes formar parte del grupo 4.

Ahora bien, una vez que ya sabes el tipo de persona que eres, qué es lo que quieres, por qué lo quieres y cómo te enfrentas a los retos te voy a descifrar el código secreto del Facebook Live para que enamores a tu audiencia, los conviertas en clientes de alto valor y logres todo lo que te revelaré en el capítulo:

¿Por qué deberías utilizar Facebook Live en tu estrategia de marketing en tu negocio tradicional o negocio por Internet?

"El miedo es la más grande discapacidad de todas..."
Nick Vujicic

Empieza hoy mismo con tu estrategia del Facebook Live.

Espero que disfrutes tanto este libro como yo lo he hecho al escribirlo para ti.

Ah, se me olvidaba...

Al final del último capítulo tengo un **REGALO SORPRESA** muy especial para ti.

Se trata de material videográfico EXCLUSIVO que complementa la información que obtendrás en este libro.

Pero eso será al final. No te hagas trampa y léete e implementa primero toda la información de altísimo valor que tengo para ti.

Comenzamos...

¿Qué Es y De Dónde Viene Facebook?

Cuando Mark Zuckerberg (junto a Eduardo Saverin, Chris Hughes y Dustin Moskovitz) creó una red de uso exclusivo para los estudiantes de la Universidad de Harvard llamado "Facemash", poco sospechaba el enorme éxito que iba a tener años después.

"Facemash" fue rápidamente cerrado por los directivos de la Universidad, ya que culparon a Mark de haber sustraído datos e imágenes del sistema informático interno de dicha institución, por lo cual fue suspendido de asistir a las clases.

Sin embargo, este hecho no pasó desapercibido para los hermanos Winklevoss y Divya Narendra, estudiantes también de Harvard por aquel entonces, que hablaron con Mark para hacerle llegar su proyecto de crear un directorio web online para el uso y disfrute de todas las fraternidades de la Universidad y para el que habían pensado en él como desarrollador principal.

Mark aceptó trabajar en ese proyecto, pero por aquel entonces estaba trabajando en uno propio llamado de "Thefacebook" que vio la luz el 4 de febrero de 2004.

Los hermanos Winklevoss, al considerar que su proyecto era muy parecido al que acababa de sacar Zuckerberg, decidieron interponer una demanda contra él y le acusaron de haber retrasado intencionalmente harvardconnection.com, que era el proyecto que le habían presentado para ser desarrollador principal, para crear "Thefacebook" y por lo tanto, consideraron que su idea había sido robada por Zuckerberg.

"Thefacebook" se hizo muy popular entre los estudiantes de Harvard y muy pronto llegó a otras instituciones de la Ivy League. De hecho, fue tan innovador este proyecto que Sean Parker, de Napster, cuando se enteró por medio de su novia de la existencia del proyecto de Mark, le propuso que le dejase entrar a formar parte del proyecto como presidente ejecutivo y fue así como decidieron eliminar el "The" del nombre, pasando a llamarse Facebook.

Un año después, y tras ser arrestado como sospechoso de posesión de cocaína, Parker fue despedido del cargo, pero esto no afectó a Facebook que comenzaba a despegar su proyección hacia el éxito.

Tal era la expansión de Facebook, que a mediados de 2007 lanzó sus versiones en francés, alemán y español, gracias a traducciones hechas por usuarios de manera voluntaria y así logró impulsar su expansión fuera de los Estados Unidos, ya que hasta entonces la gran mayoría de usuarios se concentraban en Estados Unidos, Canadá y Reino Unido.

A fecha de hoy, Facebook cuenta con más de 1.600 millones de miembros y versiones traducidas a 70 idiomas, siendo Brasil, India, Indonesia, México y Estados Unidos, los países con más usuarios en esta red social.

Sin embargo, no todos son halagos puesto que Facebook también tiene muchas críticas a la red social y a sus políticas de empresa, debido a la supuesta falta de privacidad sufrida por sus millones de usuarios.

Estas críticas se vieron en alimentadas en 2013. cuando se descubrió que la Agencia de Seguridad de Estados Unidos y otras agencias de inteligencia de distintos países vigilaban los perfiles de los usuarios y sus relaciones con amigos y compañeros de trabajo.

Aun así Facebook es, hoy por hoy, una de las 3 páginas más visitadas en todo Internet.

Por supuesto, alguien con la brillantez de Zuckerberg, que supo crear y hacer crecer este monstruo de las redes sociales, no podía quedarse ahí y en 2012 adquirió Instagram por 1.000 millones de dólares y en 2014 Whatsapp por la friolera de 16.000 millones de dólares, con lo cual, el tamaño de Facebook hoy en día es inmenso.

Pero ahí no queda la cosa. En vista de que YouTube, red social dedicada a la creación y transmisión de vídeos, estaba aumentando de tamaño exponencialmente, la dirección de Facebook decidió introducirse en el mundo de las transmisiones por vídeo en directo, creando así Facebook Live y aumentando más si cabe el poder de Facebook.

Actualmente los usuarios de Facebook disponen de una gran variedad de servicios:

Localización y clasificación de amigos en listas

Cualquier usuario puede agregar a una persona que conozca y esté registrada, siempre que esta acepte la invitación de amistad enviada previamente.

Facebook ha contribuido y contribuya a que amigos que se perdieron la pista hace tiempo o incluso compañeros del colegio que llevan desde entonces sin verse, vuelvan a tener relación y puedan intercambiarse fotos o mensajes.

Servicio de mensajería interna (chat)

Muy similar a la aplicación de Whatsapp, por medio de este chat, los usuarios pueden llevar conversaciones privadas y compartirse contenido entre ellos.

Grupos y páginas de fans con gustos comunes

Facebook te da la posibilidad de reunir a personas con unos intereses comunes a los tuyos en grupos que puedes crear a tal efecto y que pueden ser públicos, secretos o privados donde se pueden añadir fotos, vídeos, mensajes, etc.

Las páginas de fans se crean con fines específicos y la mayor diferencia que tienen con los grupos es que tienen foros de discusión ya que están encaminadas hacia marcas o personajes específicos y no hacia ningún tipo de convocatoria.

Los grupos se rigen por una serie de normas entre las que se incluye la prohibición de grupos de temáticas discriminatorias o que inciten al odio y falten al respeto de las personas.

Por ello tienes la opción de denunciar y reportar los grupos que veas que incumplen esta norma, para lo cual, mediante un enlace creado específicamente para ello.

Puedes publicar fotos

Cada usuario puede publicar cuantas fotos como desee para compartir con el resto de personas de su lista de amigos, miembros de sus grupos o seguidores de sus páginas de fans.

Botones de reacciones (Live Reactions)

En la parte inferior de cada publicación existen una serie de pequeños íconos con diferentes formas alusivas a un estado de ánimo y mediante las cuales, cada usuario que quiera puede comentar el estado de ánimo que dicha publicación le provoca (me gusta, me enfada, me siento triste, me alegra, etc.).

App Center

Está aún en desarrollo y contendrá las mejores apps disponibles para la red social, al mismo tiempo que muestra los hábitos de cada persona y las aplicaciones que estén más relacionadas con su actividad diaria.

Se podrá ingresar a la tienda desde Internet como dispositivos móviles y cada aplicación tendrá una página con descripción, que incluirá imágenes y opiniones de usuarios.

Aplicaciones y Juegos

Existen infinidad de pequeñas aplicaciones en Facebook para uso y disfrute de los usuarios con las que puedes averiguar quién es tu mejor amigo, descubrir cosas de tu personalidad, etc.

Así mismo, en Facebook hay juegos de rol o de habilidades, entre los que se encuentran "Minecraft", "FarmVille y CityVille" entre otros muchos...

Pero Facebook, como mente inquieta que es, ya está en plena creación de un App Center que pondrá a disposición de sus usuarios una serie de aplicaciones en función de sus hábitos de actividad diarios.

Aún está en desarrollo pero promete ser un auténtico bombazo.

La posibilidad de emitir vídeos en vivo y en directo

Esto es posible gracias a Facebook Live (más adelante desarrollaremos este punto en concreto).

Botón del pánico para menores

Facebook ha implementado a su plataforma un botón del pánico para salvaguardar la privacidad de los menores y que los niños y adolescentes puedan ponerse en contacto con las autoridades en caso de detectar un indicio de abuso en línea de manera rápida. Aunque por el momento la aplicación solo estará disponible en el Reino Unido.

Para finalizar, quiero comentarte algo que es muy importante que sepas.

A la hora de crear tu cuenta de usuario en Facebook y aceptar el contrato de términos de uso de la comunidad, cedes la propiedad exclusiva y perpetua de toda la información e imágenes que agregues a esta red social y la propiedad comercial de todo lo que tiene que ver con tu vida privada como miembro de la red.

Aunque el director ejecutivo, Mark Zuckerberg, declaró que *"nunca se utilizará esta información fuera del servicio Facebook"*, la red social obtiene facultad de utilizar esta información como desee.

Cómo Funciona Facebook Live

Facebook Live es el servicio emisión de vídeos en vivo y en directo que te ofrece Facebook para que compartas tu estado, tus emociones y tus vivencias con tu audiencia, a la vez que te permite interactuar, compartir y conectar con tus amigos, seguidores y fans en tiempo real.

Facebook está dando cada vez mayor importancia al vídeo, ya que estos tienen más alcance que otro tipo de publicaciones y por ello ha creado esta fantástica herramienta.

Como una retransmisión en directo capta más la atención de los usuarios que cualquier otro tipo de publicación, Facebook posiciona mejor este tipo de contenido en tu muro y diferentes apartados (por ejemplo, en la zona de noticias).

Cómo Utilizar Facebook Live

Lo primero es entrar a Facebook desde tu Smartphone.

Una vez allí, justo debajo de la parte que pone "¿Qué estás pensando?" aparece un icono en forma de cámara donde pone "En directo".

Si das clic en ese icono te lleva a la siguiente pantalla:

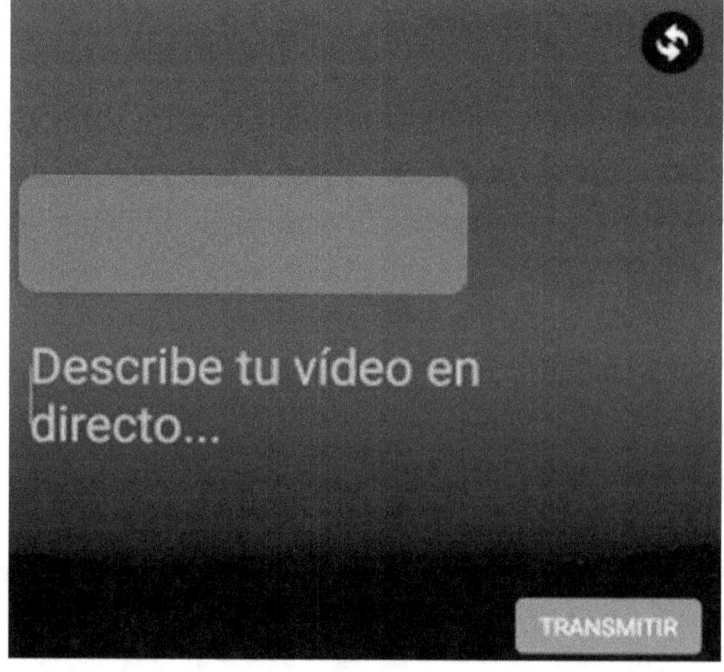

En ella puedes ver algunas opciones:

"Selecciona la Privacidad"

Gracias a esta opción, podrás seleccionar quién quieres que vea tu retransmisión.

Por defecto, te aparece la opción de público. Si la mantienes, tu retransmisión la podrá ver cualquiera.

Dependiendo de a quién te quieras dirigir, elegirás una opción u otra.

En la opción "más", Facebook te ofrece otras posibilidades para elegir el tipo de público al que te quieres dirigir.

"Título"

En esta opción podrás escribir el título que le quieras poner al vídeo.

Cuanto más llamativo sea, más posibilidades tendrás de captar la atención de la gente.

"Cambiar la cámara"

Esta opción está en la parte superior derecha de la pantalla y pinchando en ella puedes cambiar la cámara entre parte delantera o trasera.

"Transmitir"

Al pinchar en este botón, comienza la emisión en directo.

Cuando empiezas a emitir, dependiendo de la configuración de privacidad que hayas puesto, les llegará a tus amigos una notificación de que estás emitiendo para que puedan conectarse.

En esta pantalla tienes varias opciones que puedes utilizar durante la grabación. Te las comentaré brevemente:

En la parte superior izquierda tienes un botón y al presionarlo aparece en la parte inferior un desplegable con distintos filtros que puedes añadir e incluso poder dibujar en la pantalla.

Estas opciones recuerdan mucho a las de Snapchat y se pueden entender como un intento de Facebook por acercarse al público más joven, ya que han ido dejando de utilizar esta red porque, según ellos, *"es la que utilizan sus padres."*

Los jóvenes se sienten más identificados con aplicaciones como Snapchat, más divertidas y cuyo contenido desaparece al poco tiempo. Esta aplicación ha sido una auténtica revolución este año y será una de las tendencias en el 2017.

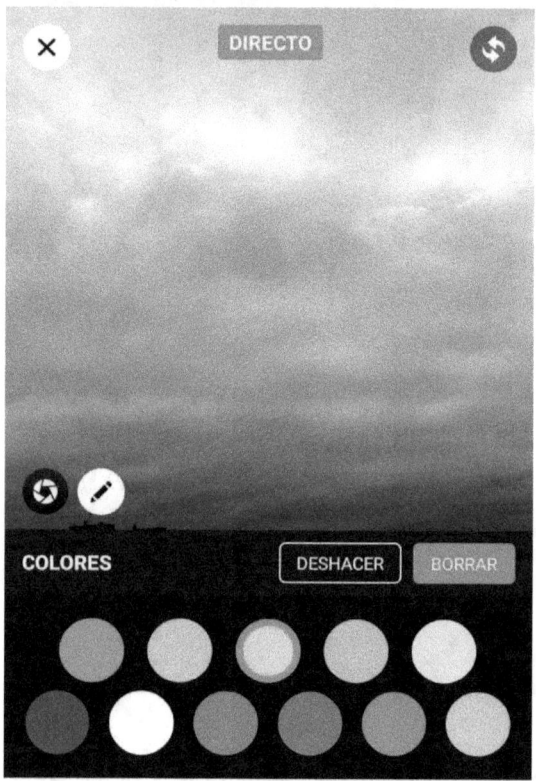

En la parte superior derecha vuelves a tener la opción de cambiar la cámara entre frontal o trasera.

En la parte inferior izquierda tienes el icono de una persona con un +. Esta opción te permite invitar a algún amigo para que vea la retransmisión. El contacto recibirá una notificación para unirse a la sesión.

A la derecha del icono en forma de persona, tienes la opción de escribir comentarios. No debes olvidar los "Live Reactions" que permiten a las personas que están viendo la transmisión en vivo expresar lo que sienten en tiempo real utilizando las mismas reacciones presentes para otro tipo de contenidos como: "Me encanta", "Me divierte" "Me asombra", "Me entristece" y "Me enoja".

Los Live Reactions se despliegan en tiempo real, ofreciéndote un termómetro de cómo está siendo recibido el vídeo. Cuando un contacto "reaccione" al vídeo, se verá la foto de su perfil antes de que aparezca su reacción.

En Facebook Live también cuentas con la opción de "Replay Comments" que permite al autor del Facebook Live responder a los comentarios en vivo y continuar interactuando una vez finalizada la transmisión.

Facebook también lanzó un paquete de cinco filtros (que se parecen a los que ofrece Snapchat) para las transmisiones en vivo. Además, en la pantalla aparece el icono de un lápiz que te brinda la posibilidad de dibujar o realizar garabatos en diferentes colores en el vídeo durante la transmisión.

Por último, en la parte inferior derecha tienes la opción de finalizar la emisión. Una vez finalizada, nos da la opción de eliminarla o de publicarla en nuestro perfil y si la publicas, estará disponible para volver a verla en cualquier momento.

Durante la emisión, aparece el dato de las personas que están siguiendo la retransmisión, las distintas reacciones (los iconos de los "me gusta", "me encanta", etc.) flotando por la pantalla y en la parte inferior, los comentarios que los seguidores estén escribiendo.

Una particularidad que debes tener en cuenta es que Facebook Live te permite bloquear usuarios durante la transmisión. Basta con tocar la foto de perfil de usuario que ha comentado algo y dar clic en "bloquear".

Una vez realizado el streaming con Facebook Live, se queda almacenado en tu timeline.

Como acabas de ver, es bastante fácil usar Facebook Live, así que ya no tienes excusa para no utilizarlo y hacer tus propias retransmisiones en directo.

Detecta los Facebook Live en tiempo real

Si quieres encontrar retransmisiones en directo, puedes buscarlo desde el mapa que ofrece Facebook Live Map: https://www.facebook.com/livemap

Esta opción solo está disponible en la versión web y se encuentra en la barra lateral izquierda, en la parte de aplicaciones, con el nombre de "Vídeo en directo".

Al pinchar, te lleva a una imagen como esta:

En este mapa se pueden ver las distintas retransmisiones que se están haciendo en ese momento. Vienen señaladas con puntos azules y aquellos puntos con un halo mayor son los más populares.

Si pasas el cursor por encima de cada uno podrás ver quien lo está retransmitiendo y el número de personas que lo están viendo y si quieres entrar en uno de ellos, tan solo tienes que pinchar en él.

De esta forma, Facebook te da la opción de poder ver cualquier retransmisión que se esté realizando en el mundo.

Ahora que ya conoces Facebook Live, seguro que estarás pensando que es bastante similar a Periscope, por esta razón quiero hacerte una pequeña comparativa a continuación...

¿Qué diferencias hay entre Facebook Live y Periscope?

Periscope, a pesar de ser propiedad de Twitter es una aplicación diferente y por tanto, tienes que descargártela para poder usarla.

Esto puede suponer problemas de espacio en los Smartphones de los usuarios a diferencia que con Facebook Live, que es una herramienta dentro de la aplicación de Facebook, por lo tanto, no tienes que descargarte nada.

Facebook es la red social que cuenta con más usuarios en el mundo, con cerca de 1.600 millones de usuarios y creciendo cada día más.

Además, al ser una herramienta dentro de la misma red social, ya tienes tus contactos disponibles para que puedan ver tus emisiones.

Recuerda que al darle al botón de transmitir, se le envía una notificación a tus amigos y seguidores para que se puedan conectar (siempre dependiendo de la configuración de privacidad que hayas hecho), mientras que en Periscope tienes que sincronizarla con tu cuenta de Twitter y permitir que esta publique que estás realizando una retransmisión.

Durante la retransmisión, ambas son muy similares. Se ve el dato de las personas que la están siguiendo, en la pantalla flotan las reacciones (en Facebook Live son los iconos de las reacciones y en Periscope son corazones) y los usuarios pueden realizar comentarios y tienes la opción de responderles.

Facebook Live, además, te permite añadir filtros y dibujar o escribir en la pantalla durante la emisión al estilo Snapchat. Periscope está estudiando incluir esta opción también.

En la actualidad, Facebook Live tiene una limitación de 4 horas en cuanto a la duración máxima de sus emisiones mientras que en Periscope no existe dicha limitación.

Al finalizar la emisión, Facebook Live te permite publicarla en tu página, con lo que estará disponible para que se pueda ver en cualquier otro momento, mientras que en Periscope está disponible durante las siguientes 24 horas, aunque ya están trabajando para que se puedan guardar el tiempo que quieras.

Periscope no es el único competidor de Facebook Live, existen otros como YouTube Connect/Live/Streaming e incluso Instagram (propiedad de Facebook) está haciendo pruebas para transmitir en vivo.

Hoy está claro que el streaming es y seguirá siendo una de las tendencias en los próximos años por su capacidad para crear "engagament", conectar, empatizar y compartir contenido en directo vía online.

¿Qué Contenido Dar En Tus Facebook Live?

Muestra cómo eres tú o tu Empresa

Muestra a tu audiencia cómo eres realmente, tu lado más personal y tu mejor versión.

Si el Facebook Live es con un objetivo empresarial, ten en cuenta que siempre debes mostrar el mejor lado de tu empresa y tratar de humanizar la marca, es decir, mostrar a los clientes otra cara además del sitio web o mensajes en redes sociales.

Algunas empresas muestran cómo es un día de trabajo en la empresa, entrevistan empleados, muestran un proceso o algo similar.

Sesiones de preguntas y respuestas

Puedes llevar a cabo sesiones de preguntas y respuestas para resolver las inquietudes de tu audiencia en Facebook.

Esta es una excelente forma de dar soporte de manera directa.

Haz demostraciones de productos

Son una excelente opción para negocios nuevos que quieran llegar a más clientes potenciales.

Emisión de eventos

A través de Facebook Live puedes emitir eventos en directo siempre y cuando sean relevantes para tu audiencia.

Boletines de noticias

Realiza trasmisiones periódicas donde eduques a tu audiencia.

Habla de las novedades de tu sector y conviértete en una referencia en tu nicho de mercado.

Cuenta historias de clientes o prueba social

Realiza entrevistas o vídeo-testimonios de socios, distribuidores o clientes satisfechos para trabajar las objeciones de los posibles clientes indecisos.

Ofrece tutoriales

Los vídeos educativos que pueden aportar valor a tu audiencia serán bien acogidos y traerán su recompensa.

En realidad hay muchas formas en las que puedes sacar provecho de Facebook Live. Encontrar algo relevante que transmitir dependerá de las características de tu negocio, el sector al que te diriges y las características de tu público.

Saca El Máximo Partido A Facebook Live

Procura dar contenido de calidad y relevante

Este punto es fundamental en toda estrategia de marketing.

Descubre qué les interesa y dáselo.

No es cuestión de ponerte a compartir cualquier cosa, tienes que aportar valor en tus retransmisiones.

Haz emisiones de calidad

En este punto no me refiero al contenido sino a los aspectos técnicos.

Hay que tener en cuenta que el sonido y la imagen tengan una buena calidad y que no se produzcan cortes.

Asegúrate de tener una buena cobertura a la hora de realizar las retransmisiones.

Publicita tus emisiones

Si tienes programado hacer una retransmisión, anúncialo a tus seguidores para que sepan cuándo lo vas a hacer y sobre qué va a ser. De esta forma tienes más posibilidades de que se conecten y conseguir una mayor audiencia.

Interactúa con tu audiencia

Este tipo de emisiones son especialmente útiles para generar engagement con ellos.

No te dediques simplemente a emitir, tienes que conversar con ellos y fomentar que participen.

Es un momento perfecto para que haya un acercamiento con tus seguidores y tienen que percibir que detrás de una marca o un profesional también hay una persona.

Cuando retransmitas, intenta responder a los comentarios del chat en vivo y saluda a los espectadores que te ven. Esta es, sin duda, una de las características más interesantes de Facebook Live para las empresas. Tus espectadores quedarán encantados de que te dirijas a ellos por su nombre y de recibir respuestas en tiempo real.

En resumen, Facebook Live es una excelente herramienta para compartir eventos y momentos de tu vida con tus amigos y seguidores, pues te permite una comunicación de tú a tú con ellos y es una forma de hacerles partícipes de ese momento.

El éxito del streaming demuestra que lo que desean las personas es el presente, lo que está sucediendo en este momento.

Quieren sentir que forman parte de las cosas que están ocurriendo a su alrededor, lo cual hace que cambie la forma de comunicarse con ellos y el streaming te da la oportunidad de interactuar con tu público en directo, crear relaciones a largo plazo, generar confianza y aumentar la calidad de las relaciones, por lo que el efecto es todavía mayor.

Facebook Live seguramente seguirá mejorando sus funciones como producto y servicio, pero como puedes ver es una excelente herramienta para conectar con tu audiencia y compartir contenido de manera diferente y original con tus seguidores.

Varias marcas están utilizando la transmisión en vivo para destacar.

Sin importar la forma en la que decidas utilizar el streaming, no debes olvidar que la clave está en mantener un equilibrio entre hablar sobre tu negocio y dar a las personas algo que les interese. El hecho de hablar cara a cara con tu público transmite cercanía y confianza.

Razones clave para usar Facebook Live

Facebook es la segunda página web más visitada del mundo.

Cuenta con más de 1.600 millones de usuarios activos al mes.

Desde junio de 2014, Facebook cuenta con más de 1.000 millones de visitas diarias de vídeos.

Los usuarios de Facebook ven más de 100 horas diarias de vídeo al día en la red social.

Facebook está disponible en más de 60 países.

En cada minuto de vídeo hay aproximadamente 2.000 palabras.

Los vídeos de Facebook Live se mantienen en lo alto del feed de noticias y por más tiempo.

Los vídeos de Facebook se comparten un 157% más con respecto a los de YouTube.

Los vídeos nativos en Facebook consiguen 2,5 veces más cantidad de visitas que el resto.

El alcance orgánico de las marcas que publican vídeos en Facebook aumenta un 75%.

Los vídeos en Facebook están generando cerca del 80% de las vídeo interacciones.

Más del 50% de los usuarios que buscan comprar un producto ven vídeos sobre él.

9 de cada 10 internautas ven vídeos de las marcas que les gustan.

Los usuarios comparten vídeos de marca si les parecen útiles o entretenidos.

En 2018, el vídeo online supondrá el 84% de todo el tráfico en Internet.

Exprime Al Máximo Tus Facebook Live

Tus emisiones son parte de tu estrategia de Facebook

No cometas el error de creer que con crear vídeos en Facebook Live ya es suficiente, sino que deberías tomarte el tiempo para diseñar una estrategia de vídeos en vivo en la plataforma.

Para ello tómate el tiempo necesario para saber qué deseas transmitir en cada uno de tus vídeos y cómo quieres hacerlo y sobre todo ten claro el objetivo de cada transmisión en directo.

Del mismo modo que es recomendable programar tus publicaciones en Facebook, lo mejor es que en el caso de los vídeos en vivo elabores un calendario para saber qué publicar, cómo y cuándo y así organizarte mejor y alcanzar tus objetivos de manera más eficaz.

Lo ideal es que seas creativo, ofrezcas variedad de contenido y que este sea de valor y sobre todo, que seas creativo y transmitas regularmente.

Los aspectos técnicos son claves

Piensa que nadie quiere ver una transmisión en vivo que sea inestable, que sufra interrupciones, que tenga una mala iluminación o que no se oiga correctamente.

Por todo ello es muy importante que cuides los aspectos técnicos y te asegures de que tus vídeos de Facebook Live se ven y escuchan correctamente.

Si en algún momento tienes problemas de conexión trata de buscar lo más rápido posible un lugar con mejor señal ya que, aunque la conexión se interrumpa, la aplicación volverá a conectarse automáticamente cuando tengas una mayor recepción de señal.

Redacta descripciones eficaces

Puede sonar demasiado obvio, pero elegir un buen título o descripción puede marcar la diferencia para alguien que está decidiendo si va a invertir tiempo en ver tu transmisión o no.

Piensa que una vez finalice el vídeo este va a seguir estando disponible, así que apuesta por un texto corto, conciso y directo que sea atractivo, invite a la acción y encaje con la personalidad de tu marca.

Utiliza descripciones llamativas que hagan alusión al dolor o la solución que busca tu nicho de mercado.

Recuerda apalancarte de los hashtags (#tuhashtag), para mejorar el posicionamiento y la indexación de tu Facebook Live.

Elige el momento adecuado para retransmitir

Como ocurre con las demás publicaciones que realizas en Facebook, el horario de tus vídeos en vivo es un factor clave así que lo más recomendable es que te asegures de transmitir en directo cuando tu audiencia esté conectada.

Para saber cuáles son las mejores horas para publicar puedes revisar las estadísticas de Facebook y ver a qué hora tuvieron más éxito tus publicaciones y en qué horario tus seguidores están en línea.

Promociona tus próximos vídeos

Cuanto más promociones y anuncies un evento, mejor funcionará. O al menos, más personas sabrán que vas a emitir en vivo y por tanto, mayores probabilidades de éxito.

Además, la previsión es fundamental para que las personas se reserven ese tiempo y traten de organizarse para poder estar presentes en la transmisión en vivo.

En este sentido, las marcas que aprovechan para promover, anunciar y fomentar la visualización de sus próximas retransmisiones de Facebook Live tienden a conseguir mayor audiencia que quienes no lo hacen.

Sinceramente, si promover tus próximos vídeos no fuera eficaz, ¿crees que Mark Zuckerberg lo haría?

43

Aporta valor con generosidad y diviértete

Cuando comiences a grabar en vivo, tus seguidores recibirán una notificación para ver la transmisión.

Y para que se queden hasta el final vas a tener que cautivarles y seducirles y lo lograrás si eres generoso con la información que transmites y aportas valor.

Además, es esencial que no te lo tomes como una obligación sino como una oportunidad para conectar con tu audiencia y hacerle saber que estás ahí.

Así que diviértete, aprende constantemente y presta atención a los comentarios de tu audiencia para así poder responderles.

Conecta con tus fans

Una de las grandes ventajas de los vídeos en vivo es que te permiten relacionarte de manera más cercana con tu audiencia, así que aprovecha para generar un diálogo e interactuar con tus fans.

Por ejemplo reserva un apartado de preguntas y respuestas para que puedan trasladarte sus dudas u opiniones, saluda por sus nombres a quienes te están viendo y anímalos a participar.

De ese modo todos se sentirán parte de tu experiencia.

Además, no te olvides de pedir a tus espectadores en algún momento de la emisión que se suscriban a tus transmisiones de Facebook Live haciendo clic en la esquina derecha del vídeo (Activar notificaciones).

De ese modo, van a ser notificados cada vez que realices una emisión en vivo y aumentarás el número de espectadores así como el engagement.

Eso sí, no supliques que se suscriban, sino que tienes que plantearlo como un beneficio para tu audiencia.

A más tiempo de retransmisión, más seguidores

La probabilidad va subiendo según el tiempo que lleves transmitiendo, por lo que deja que la mayor parte de seguidores de Facebook tengan tiempo de entrar en sus cuentas y verte en directo.

Mi recomendación es que transmitas cómo mínimo entre 5 y 15 minutos para conseguir el mayor número de visualizaciones posibles.

Puedes hacer transmisiones desde algunos segundos hasta 4 horas.

También vale la pena mencionar que en Facebook se consumen más de 100 millones de horas de vídeo cada día, por lo que si aún no has comenzado a utilizarlo en tus redes y más aún en Facebook Live, esta herramienta te hará llegar a más público del que puedas imaginar.

Con Facebook Live vas a poder fidelizar y sorprender a tus amigos, seguidores, posibles prospectos y clientes.

Otros consejos

Sé divertido, creativo, aporta siempre contenido de valor, interactúa con las primeras personas que se conectan mientras das tiempo a que otros se puedan unir a tu retrasmisión.

Aporta datos de dónde te encuentras y vístelo de la mejor manera posible poniendo en valor las cualidades más vendibles.

Premia a aquellos que participen durante el Facebook Live, incluso puedes crear un concurso y premiar a quien comparta, etiquete, etc…

Y aunque el universo de Facebook Live es inmenso y no ha hecho más que comenzar, lo cierto es que después de leer hasta aquí ya tienes información suficiente para comenzar a implementar esta nueva funcionalidad de Facebook dentro de tu estrategia de social media.

Aquí te comparto un esquema que podría ser útil a la hora de realizar un Facebook Live:

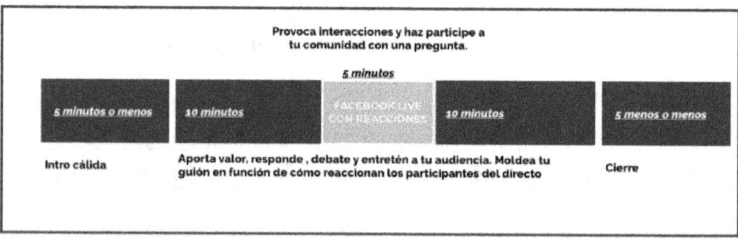

Facebook Live En La Estrategia De Marketing Para Tu Negocio Tradicional O Por Internet

Facebook Live es la mejor manera de interactuar con tu público objetivo en tiempo real y contestar a sus preguntas, ver sus comentarios, escuchar lo que tienen para decir y responder a sus reacciones en vivo para evaluar tu transmisión.

Según todos los datos que te he aportado ya sabes que Facebook Live funciona, es gratis y no necesitas instalar nada para empezar a retrasmitir tu vídeo en streaming, simplemente debes tener operativa la aplicación de Facebook en tu smartphone.

Facebook Live te permite conectarte en tiempo real con la gente que quieres y promocionar tu marca de negocio.

Podrás programar tus transmisiones en directo, tu audiencia y tus seguidores recibirán notificaciones cada vez que transmitas en vivo para que puedan conectarse y seguir tu transmisión en el momento indicado.

Si tienes un negocio tradicional o desarrollas un negocio por Internet, ya sea Multinivel, Venta Directa, Negocio de Afiliados, etc. Con Facebook Live podrás:

Relata tu historia como quieras

Podrás expresarte del modo que más le guste a tus seguidores.

Contar tu historia y hacer tu publicidad será mucho más divertido y fácil aumentando tu credibilidad.

Marca la diferencia con respecto a tu competencia

El hecho de realizar este tipo de vídeos en streaming te va acercar a tu audiencia y va a potenciar tu estrategia de marketing, especialmente en las redes sociales.

Mejorar el posicionamiento de tu marca personal

Si tienes una marca personal que promover, quieres aumentar tus fans o sencillamente quieres que te conozcan más personas, aprovecha la oportunidad de empezar a hacer tus vídeos en Facebook Live.

Estoy seguro de que en muy poco tiempo empezarás a notar la diferencia, principalmente por el incremento del número de interacciones con posibles clientes interesados en tu producto o servicio.

Facebook Live es una herramienta que te permite al mismo tiempo:

Persuadir.

Seducir.

Conquistar.

Demostrar.

Enseñar.

Enamorar.

Con Facebook Live tienes la posibilidad de alcanzar una mayor audiencia a tu servicio con ganas de que le demuestres que realmente eres el profesional que están buscando.

¿Por qué te explico esto?

¿Todavía necesitas que te convenza?

Tú, tu empresa, tu negocio o tu despacho profesional obtendréis mayor prestigio con esta sencilla herramienta:

Porque conseguirás demostrar que sabes de lo que hablas y que tu empresa o tu negocio es una referencia en un sector concreto. Hablas de lo que sabes...

Porque conseguirás explicar y descubrir a un público enorme qué haces y en qué eres un experto con micro impactos o micro cápsulas informativas.

Porque es una forma de distinguirse de la competencia.

Porque si tus contenidos son buenos, la comunidad ayudará a crecer tu negocio o tu marca personal incluso cuando no estés trabajando.

Por si esto fuese poco, aquí te voy a dejar algunas razones por las que debes empezar a utilizar HOY Facebook Live como una herramienta más en tu estrategia de marketing y estoy seguro de que obtendrás un impacto positivo en tus resultados:

Marca personal + Posicionamiento + Resultados = Ventas.

Las personas están en Facebook

Según las estadísticas, entre un **70 y un 80% de tus clientes utilizan Facebook** y están expuestos a los Facebook Live.

El vídeo streaming es un aliado estratégico

Que te permitirá incrementar la captación de clientes potenciales y aumentar la conversión de prospectos a clientes.

Te posicionarás en los primeros lugares

En los muros de tus amigos, fans o seguidores en Facebook porque los Facebook Live se posicionan primero que cualquier otro tipo de contenido.

Quieres que tu negocio sea móvil

Más del 80% de los especialistas en marketing han apostado por el vídeo para plataforma móvil después de testar ellos mismos su enorme capacidad para mejorar sus tasas de conversión y el impacto de sus campañas publicitarias.

Experimenta el poder de las analíticas

En Facebook podrás saber el número de espectadores en directo, "live reactions", número total de reproducciones, número total de comentarios y así poder valor el rendimiento y testear posibles variaciones en tus Facebook Live.

Mejora tu índice de conversiones

Los grandes gigantes de los negocios como Apple, Amazon, etc. Utilizan el vídeo en vivo y en directo, no como una herramienta accesoria, sino como la clave para aumentar su volumen de ingresos y la efectividad de sus campañas.

Alcanza hasta un 90% de eficacia en comunicación

Poder transmitir una idea a través del formato audiovisual en vivo y en directo es una potente arma de comunicación porque te permite enseñar, demostrar y persuadir a tu audiencia.

Involucra emocionalmente a tus clientes

En 2 segundos de vídeo en vivo y en directo, tu negocio tiene la posibilidad de transmitir sentimientos, información y emociones desde un sencillo fotograma.

¿Fácil verdad?

Esta es una de las claves del éxito en una estrategia de marketing con Facebook Live.

Mejora tu imagen social de marca

Una vez creado, tu vídeo en vivo y en directo tiene la posibilidad de seguir en piloto automático, extendiéndose y comunicando la imagen de marca que necesitas de una forma mucho más personal.

Algo impensable para otras herramientas del marketing.

El marketing con Facebook Live es tu psicólogo de ventas

Compartir información y noticias a través de él te permite conectar emocionalmente con tus clientes y lectores, identificándose con tu imagen, tus servicios y finalmente... Tu negocio.

Desarrolla campañas 100% virales

Y es que, el 80% de los usuarios de Facebook disfrutan de algún vídeo en vivo y en directo cada semana y el 40% cada día.

Sin lugar a dudas, si no estás haciendo Facebook Live estás dejando a un gran porcentaje de clientes potenciales sin ningún tipo de atención y eso quiere decir que estás dejando un dinero sobre la mesa que podría ser tuyo si empiezas hoy mismo a implementar la herramienta de Facebook Live en tu estrategia de marketing online.

Incluso tu Facebook Live lo puedes descargar de la plataforma de Facebook y subirlo como vídeo en YouTube, Vimeo, tu blog, entre otras plataformas de vídeo y así apalancarte del mismo contenido y viralizarlo a través de los diferentes medios y redes sociales.

Recapitulando

Con Facebook Live tienes muchas posibilidades para:

Mejorar tu marca personal.

Posicionarte como referente en tu nicho de mercado y ser tú o tu negocio el elegido y no tu competencia.

Incrementar la captación de clientes potenciales.

Aumentar la conversión de prospectos en clientes de alto valor.

Mejorar el grado de "engagement" y tus resultados de ventas

¿Aún sigues creyendo que el Facebook Live no es una herramienta útil para ti y tu negocio?

Todas las razones que te he dado hablan por sí solas.

Desde mi experiencia no me queda más que hablarte claro y decirte...

¿Facebook Live para negocios? Goooooooooo!

Con Facebook Live tienes una oportunidad única de lograr resultados importantes en tu negocio.

Mi recomendación es que no utilices esta herramienta de manera aislada sino como una parte destacable de tu estrategia de marketing por Internet.

Cómo Trasmitir Desde Tu Smartphone O Tu PC

La API de Facebook Live te permite crear transmisiones en vivo que incorporan varias fuentes de vídeo y audio e introducir efectos especiales.

Estas fuentes también pueden incluir fuentes mediante programación, como juegos o capturas de vídeo.

Aquí te comparto algunas soluciones informáticas de codificación de vídeo compatible con RTMP o RTMPS (Facebook Live API). Estas son algunas de las más populares:

Livestream.

OBS.

Wirecast. (Actualmente estoy utilizando este programa y mi experiencia es muy buena por eso es mi recomendación número 1).

Xsplit.

Ffmpeg.

Zoom. (Recientemente se ha unido al grupo de programas o herramientas que te permiten emitir en directo por Facebook Live)

Cuando adquieres cada uno de estos programas, te indican cómo realizar de la mejor manera posible la conexión con Facebook Live API (siempre debes seguir las recomendaciones del fabricante).

Sin embargo, aquí te voy a explicar cómo se realiza la conexión con la API de Facebook Live de manera genérica en tu PC (ordenador):

Inicia sesión en tu página de Facebook y selecciona Herramientas de publicación en la barra de navegación superior.

En el menú de la izquierda, **haz clic en la opción Videoteca** en la sección Vídeos.

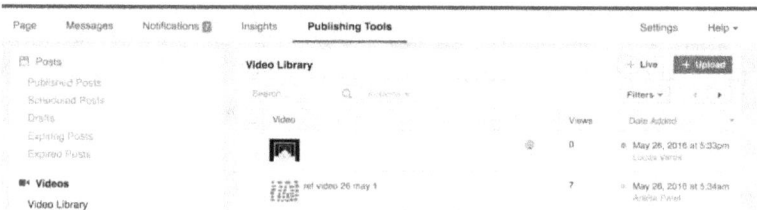

Haz clic en el botón +Live para empezar a configurar tu publicación en vivo.

Según los requisitos de tu software de codificación, usarás una de las opciones siguientes:

Campo único: tu software de codificación solo requiere una dirección de servidor o URL.

Campo separado: tu software de codificación requiere una dirección de servidor y una clave.

Asegúrate de habilitar una conexión segura si tu software de codificación es compatible con rtmps.

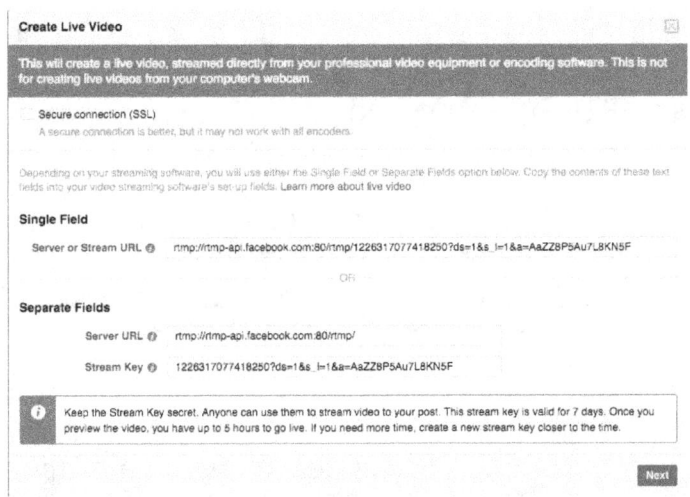

Importante: La URL del servidor y la clave de transmisión solo pueden usarse para una sola conexión para vista previa del vídeo o la publicación.

Debes usar la misma URL y la misma clave para obtener una vista previa y publicar. En otras palabras, no puedes hacer una vista previa, detener la transmisión y luego reanudarla más adelante. La URL y la clave son válidas durante siete días.

Una vez que obtengas la vista previa del vídeo, dispones de cinco horas para transmitir en vivo. Si necesitas más tiempo, crea una nueva clave de transmisión cuando falte menos tiempo para la hora del evento.

Copia y pega la URL del servidor y la clave en tu software de codificación. Cada software de codificación tiene su propia configuración. En la mayoría de los casos, tendrás que encontrar y editar la configuración de transmisión y configurar el tipo de servidor como servidor de transmisión personalizado o servidor RTMP y después, ingresar la URL del servidor y la clave de transmisión copiadas.

Consulta la documentación de ayuda de tu codificador para obtener más información sobre cómo configurar una transmisión RTMP personalizada.

Haz clic en el botón Vista previa para configurar la publicación en vivo y obtener una vista previa de la transmisión de salida del codificador. Si ya iniciaste la transmisión de vídeo desde el codificador, la vista previa puede demorar de 1 a 10 segundos.

El botón Transmitir se mantiene desactivado hasta que se detecte una transmisión válida del software de codificación. Si recibes el mensaje "La transmisión está sin conexión" asegúrate de haberla iniciado desde tu software de codificación.

Si sigues teniendo problemas, comprueba que la URL del servidor y la clave de transmisión se hayan copiado correctamente. Puedes consultar la URL del servidor y la clave en cualquier momento en la pestaña.

Agrega la información necesaria en "Título del vídeo" y "Etiquetas del vídeo" en la pestaña "Básica" y usa los iconos del menú de pie de página para agregar etiquetas, sentimientos, ubicaciones y públicos preferidos (consulta las restricciones de público abajo).

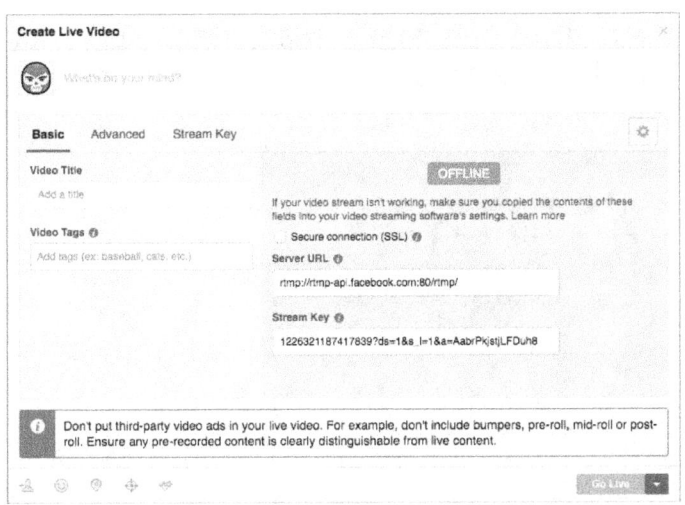

Agrega restricciones de público. Si tienes que limitar quién ve tus transmisiones (por ejemplo, los derechos de transmisión solo se aplican a ciertos países), puedes usar las restricciones de público.

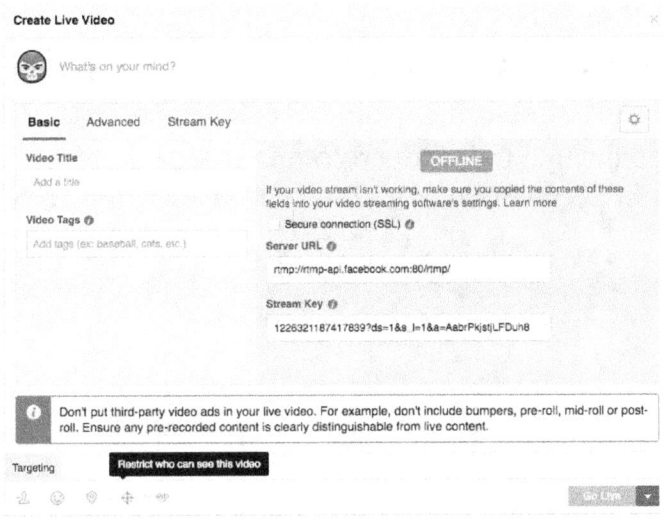

Puedes restringir el público por edad, sexo o lugar, tal y como lo haces con las publicaciones.

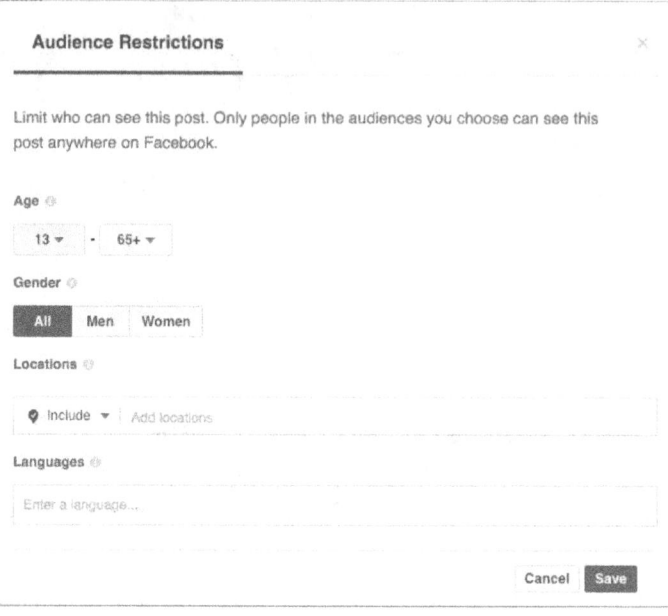

Agrega el icono del apretón de manos del contenido de marca.

Si tu vídeo incluye un producto o una marca de terceros, debes etiquetar la página con el apretón de manos del contenido de marca.

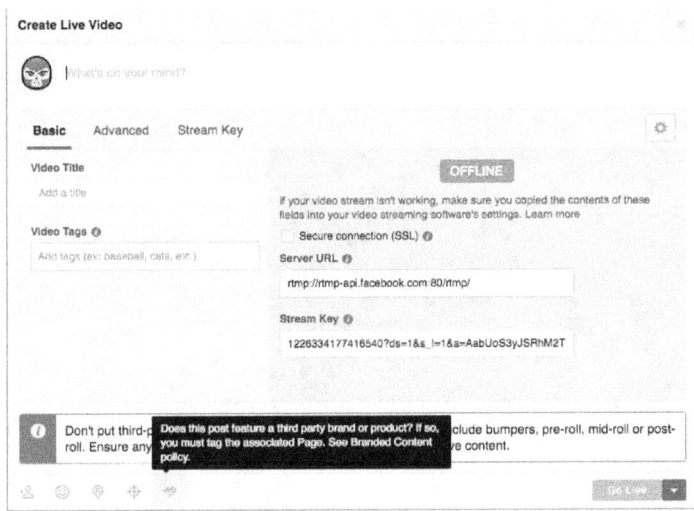

La pestaña "Avanzada" contiene:

Opciones para elegir dónde quieres que aparezca el vídeo que incluyen la posibilidad de prohibir las inserciones, anular la publicación del vídeo después de que termine el vídeo en vivo y la opción de incluir una advertencia sobre el contenido gráfico.

La posibilidad de obtener un código de inserción del reproductor (en el menú de opciones en la parte superior derecha).

La opción para crear vídeo en vivo ininterrumpido.

El vídeo en vivo ininterrumpido permite transmitir sin límite de duración. Algunos ejemplos del uso de vídeo en vivo ininterrumpido son la transmisión en vivo de acuarios, museos y zoológicos. (Antes de usar la función de vídeo en vivo ininterrumpido ten en cuenta que no genera vídeo a petición y no envía notificaciones a los seguidores).

La opción para crear una transmisión en vivo de referencia para Rights Manager.

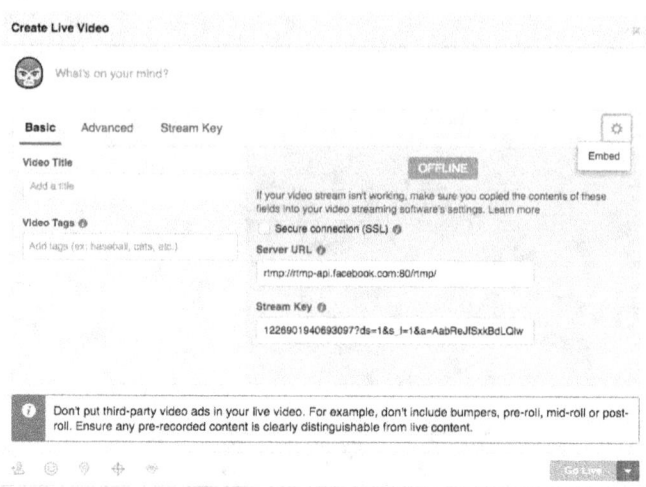

Recuerda que los Facebook Live los puedes trasmitir en vivo o programar una publicación del vídeo en vivo y en directo.

Si programas la transmisión de un vídeo en vivo resulta más fácil generar expectativa y entusiasmo en el público antes de comenzar. De este modo puedes empezar con fuerza ante un público consolidado.

Cuando programas la transmisión de un vídeo en vivo, se publicará un anuncio en la sección de noticias para informar a tus fans en Facebook que próximamente habrá una transmisión. Las personas que ven esta publicación pueden elegir recibir una única notificación de recordatorio que les avise un rato antes de que comience tu transmisión.

Tus fans pueden unirse directamente a una sala de espera previa a la transmisión antes de que comience el vídeo en vivo. Allí podrán conectarse e interactuar con otros espectadores.

Puedes programar una transmisión en vivo con hasta una semana de anticipación, de modo que las personas puedan unirse a tu sala de espera tres minutos antes de que comience tu transmisión.

Una vez que programes un vídeo en vivo podrás compartir un enlace a la transmisión o insertarlo en otros lugares como sitios web o blogs.

No olvides que mientras se transmite el vídeo en vivo puedes supervisar algunos resultados clave de la transmisión en vivo en la sección "Rendimiento del vídeo" por ejemplo, reproducciones totales y espectadores de vídeo en vivo.

Para más información acerca de cómo programar una transmisión en vivo acude a la sección de ayuda de Facebook y busca "transmitir en vivo o programar una publicación de vídeo en vivo" y allí podrás consultar el tutorial actualizado al respecto:

https://www.facebook.com/help

Claves Para Tu Éxito Con Facebook Live

Actualmente, en la red social de Zuckerberg se ven aproximadamente 8.000 millones de vídeos por día. Por eso Facebook está apostando por este tipo de contenido.

Aquí te voy a dejar algunas reflexiones que debes tener en cuenta en las trasmisiones de tus Facebook Live:

Define tu objetivo

Antes de empezar a usar Facebook Live establece el objetivo de la transmisión para determinar el contexto y la razón.

Si el vídeo va a durar mucho tiempo repite esa información al principio, a la mitad y al final para que lo sepan todos los espectadores que se sumarán luego del arranque.

Facebook recomienda grabar clips de entre 5 y 20 minutos.

Promociona tus retransmisiones con anticipación

Si sabes que transmitirás en vivo desde un evento es conveniente que anuncies la hora en tu cuenta de Facebook con anticipación.

Si lo haces en nombre de una organización aprovecha todas las redes sociales y si se trata de una transmisión privada, puedes enviar una invitación a tus amigos.

De lo que se trata es de que tu audiencia esté informada de cuándo realizarás la trasmisión de tu Facebook Live.

La importancia del entorno

Al iniciar una transmisión hay que tener en cuenta un aspecto muy importante, que haya buena luz sobre el sujeto u objeto de la grabación.

No hay que colocar el foco ni delante ni detrás de la cámara, ya que lo primero puede encandilar a la persona y lo segundo puede crear una sombra. El contraluz tampoco es deseable.

Para el audio, si no dispones de un micrófono puedes usar los auriculares de tu teléfono que incluyen un micro.

Intenta realizar trasmisiones desde sitios que trasmitan y apoyen tu mensaje.

Evita movimientos de la cámara

Lo ideal es apoyar el teléfono en un trípode para lograr tomas más estables.

Si no tienes ninguno, busca un lugar donde apoyar el brazo o el dispositivo para darle más firmeza y no cansarte. Pueden servir unos libros.

Si lo que quieres mostrar es un objeto o entrevistar a alguien, pídele a otra persona que grabe por ti.

Sé original, creativo y personaliza tus vídeos

Los vídeos pueden ser personalizados mientras se están transmitiendo en la red social.

Facebook cuenta con cinco filtros automáticos y además, si lo deseas puedes dibujar o garabatear mientras se emite, como en Snapchat.

Interactúa con tu público

Los espectadores pueden hacer comentarios en tiempo real y al igual que con los posts tradicionales puedes seleccionar entre "Amigos" o "Público" para elegir qué grupo puede opinar o dejar comentarios sobre los vídeos.

Revisa tu transmisión una vez finalizada

Al finalizar la transmisión, tienes la opción de guardar una copia en tu dispositivo o en tu perfil de Facebook. Quienes no accedieron en tiempo real, pueden ver el contenido en tu News Feed.

Una vez finaliza la trasmisión de tu vídeo puedes revisar la descripción y reescribirla si fuese necesario y lo que no se te puede olvidar es contestar a los comentarios o preguntas que te haya realizado la audiencia ya que, al fin y al cabo, tu interés radica en aportarles valor, posicionarte en tu nicho y convertirlos en clientes de alto valor para ti.

Preguntas Frecuentes Sobre Facebook Live

¿Para qué sirve Facebook Live?

Con Facebook Live, la gente, las figuras públicas y las páginas pueden compartir vídeos en vivo con sus seguidores y amigos en Facebook.

¿Está disponible para todos los usuarios?

Facebook Live está disponible para todas las páginas en la aplicación Administrador de páginas y gradualmente lo estará en los perfiles de Facebook en iOS y Android.

También es posible transmitir en vivo desde la aplicación Facebook Mentions.

¿Qué tipo de conexión necesito?

Recomiendo tener una buena señal antes de empezar a transmitir en vivo.

Usar Wi-Fi suele ser lo mejor, pero si no tienes una red cerca necesitarás una buena conexión.

Para comprobar previamente tu velocidad de conexión a Internet descarga la aplicación Speedtest de la App Store o Google Play.

¿Cómo sabe la gente de mis transmisiones?

La gente puede descubrir vídeos en vivo en su sección de noticias.

Para recibir notificaciones cuando una determinada persona o página está transmitiendo en vivo, presiona el botón "Suscribirte a vídeos en vivo" en la parte superior de un vídeo en vivo y recibirás una notificación cuando la persona o página vuelva a transmitir.

Aquellos que participan frecuentemente o hayan interactuado hace poco con una persona o página que transmite en vivo podrían recibir una notificación.

¿Puedo controlar y personalizar mi público?

Si eres una página puedes modificar la configuración de control y personalización del vídeo una vez que finalice la transmisión.

¿Pueden reportar mis transmisiones de Facebook Live?

Como sucede con todos los vídeos y contenidos en Facebook, Facebook tiene herramientas de reporte disponibles para que la gente pueda reportar contenidos que creen que infringen las Normas comunitarias.

El equipo de Facebook evaluará esos reportes y el contenido se eliminará si infringe las normas.

¿Cómo saber si una transmisión es en directo?

Habrá un icono rojo en la esquina superior izquierda del vídeo para indicar que es un vídeo en vivo.

La palabra "Vivo" estará escrita al lado del icono junto a la cantidad actualizada de espectadores.

¿Qué pasa con el vídeo una vez termina la transmisión?

El vídeo se publicará en la página o el perfil correspondiente para que los fans y amigos que se lo perdieron puedan verlo en otro momento.

El vídeo se puede eliminar en cualquier momento, como cualquier otra publicación.

¿Dónde aparecen los vídeos en Facebook?

Los vídeos aparecerán mientras estén en vivo en la sección de noticias de la página o el perfil de aquel que esté transmitiendo.

Una vez que la transmisión finalice, los vídeos en vivo podrán mostrarse en los mismos lugares que el resto de los vídeos.

¿Cómo se priorizan los vídeos en la sección de noticias?

Recientemente Facebook ha hecho una pequeña actualización en la sección de noticias para que los vídeos de Facebook Live sean más proclives a aparecer en la parte superior de la sección de noticias cuando se están transmitiendo en vivo, que cuando no lo están.

¿Quién puede ver mis vídeos?

Al igual que con cualquier otro post, controlas quién ve tus vídeos en vivo.

Elige tu audiencia antes de ir a Live tocando la configuración de privacidad y seleccionando la audiencia que deseas.

¿Pueden las personas reaccionar o comentar en vivo?

Sí. El público que seleccionas para tu configuración de privacidad también determina quién puede dejar una reacción o comentar en tu vídeo en vivo.

¿Puedo borrar los comentarios dejados en vivo?

Sí. Puedes eliminar cualquier comentario que se deje durante y después de tu vídeo en vivo.

¿La gente conocerá mi ubicación cuando emita?

Como con cualquier otro post, controlas si tu ubicación es compartida cuando entras en Live.

Si tienes habilitados los servicios de ubicación puedes etiquetar la ubicación de su difusión antes de iniciar la transmisión.

Si no deseas que tu ubicación sea compartida, no agregues tu ubicación a tu transmisión antes de iniciar Live y desactiva el servicio de ubicación de tu teléfono.

¿Qué es el Mapa de Facebook Live?

El Live Map es una forma visual de explorar transmisiones públicas en vivo que están sucediendo actualmente en todo el mundo.

Solo las emisiones públicas que tienen una ubicación etiquetada pueden aparecer en el Live Map.

¿Cuánto tiempo puedo estar trasmitiendo?

Hasta cuatro horas en una sola sesión (esta característica se actualiza constantemente).

¿Por qué no veo el icono de Facebook Live en mi pantalla?

Si no ves el icono de trasmitir o Facebook Live en tu pantalla de inicio, primero asegúrate de que tu aplicación de Facebook y el sistema operativo del teléfono móvil estén actualizados.

Si todavía no lo ves, solo toca "¿Qué estás pensando?" en la parte superior de News Feed en el móvil y busca el icono Facebook Live allí.

Un pequeño número de personas todavía puede no tener acceso a Facebook Live por algunas razones (como tener un dispositivo más antiguo que no es capaz de soportar la tecnología de Facebook Live, tipo de conexión a Internet, entre otros).

Hasta Pronto...

Hola, Rixio de nuevo por aquí...

¿Qué te pareció el código secreto de Facebook Live?

Información buenísima y nada de paja, ¿verdad?

Hemos llegado al final de este libro donde has aprendido qué, cómo, cuándo, dónde y por qué utilizar la herramienta de Facebook Live como una pieza fundamental de tu estrategia de marketing online.

Ahora ya sabes que los Facebook Live son importantes para:

Mejorar tu marca personal.

Aumentar el número de suscriptores.

Incrementar la conversión de prospectos en clientes.

Aumentar tus ventas y resultados de una manera significativa.

En este punto del libro ya tengo poco más que agregarte con respecto a la herramienta de Facebook Live. Este ha sido un libro corto pero intenso y lleno de puro contenido del más alto contenido de valor que puedes encontrar en el mercado.

Espero que hayas disfrutado aprendiendo, tanto como yo escribiendo. Ahora te queda una cosa más por hacer, implementar lo aprendido. Porque ya sabes que la información sin tomar acción es sólo conocimiento y/o entretenimiento.

Te recuerdo que sólo serás capaz de lograr resultados mediante la acción/ejecución, así que ponte manos a la obra y empieza hoy mismo a implementar lo aprendido.

Antes de despedirme y tal y como te prometí al principio, quiero entregarte tu REGALO SORPRESA que consiste en un valiosísimo Material Videográfico EXCLUSIVO que complementa la información que has obtenido en este libro y te mostrará qué hacer con todos esos seguidores que ganes con Facebook Live para convertirlos en clientes, Accede a él en este enlace:

www.rixioabreu.com/bonofblive

¡Espero saber muy pronto de tus éxitos!

Tu amigo,

Rixio Abreu.

Sígueme en Facebook y mantente actualizado/a:

https://www.facebook.com/TransformadorDeVida